Kreativwerkstatt Kunst

Klassenzimmer-Schmuck

von Januar bis Dezember

Wand und Fenster jahreszeitlich dekoriert
mit Schritt-für-Schritt-Anleitungen

von Katja Stach

Stolz Verlag
Edition Lendersdorfer Traumfabrik

www.stolzverlag.de

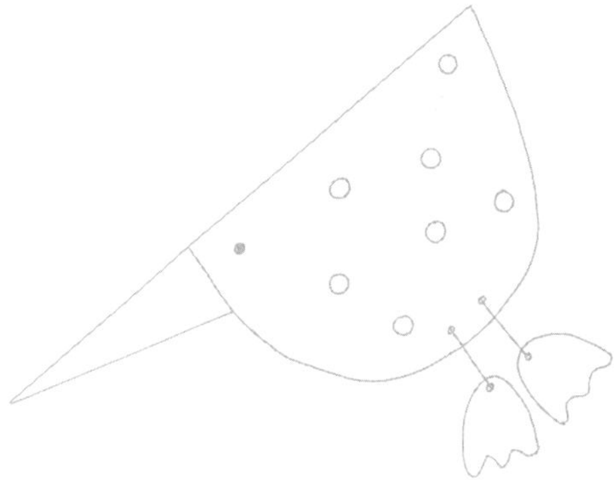

Vorwort

Schüler und Lehrer verbringen einen Großteil ihrer Zeit in schulischen Räumlichkeiten. Deren nüchterne Architektur verlangt danach, gestaltet und geschmückt zu werden. Dekorationen aus Schülerhand bringen etwas Privates in den öffentlichen Raum hinein. Dieser Band hilft engagierten Lehrkräften dabei, den Ort ihres beruflichen Wirkens durch kleine und einfache, aber effektvolle Bastelarbeiten zu verschönern. Den Rahmen dazu bilden die vier Jahreszeiten; die Gestaltungsvorschläge umfassen

1. Fensterbilder
2. Wandgestaltungen
3. Hängedekorationen
4. Fensterbank-Dekorationen

1. Fensterbilder

Diese können aus Tonpapier oder Tonkarton gestaltet werden. Leuchtkraft gewinnen Fensterbilder, wenn wir bestimmte Flächen mit Transparentpapier gestalten. Beim Basteln ist zu beachten, dass die Arbeit beidseitig mit großer Sorgfalt ausgeführt wird: es soll schließlich von beiden Seiten hübsch anzuschauen sein!

2. Wandgestaltungen

Nicht neu aber immer wieder anregend sind farbenfrohe Bilder und Bildserien, die an den Wänden in Klassenzimmer und Schulflur ausgestellt werden. Bilderfriese, bei denen dasselbe Motiv durch die vielfältige und individuelle Ausfertigung der Schüler beeindruckt, laden zum Betrachten ein.

3. Hängedekorationen

Dekorationen, die von der Decke herabhängen, sollten ebenso leicht ausgewechselt werden können wie Wand- und Fensterbilder. Das erreichen wir durch die Montage von Zweigen oder Reifen (Hula-Hoop-Reifen), die ganzjährig dort verbleiben und jederzeit als der buchstäbliche »Aufhänger« dienen können.

4. Fensterbank-Dekorationen

Auf die Fensterbank können wir verschiedene Gegenstände stellen. Besonders geeignet sind Geschenke, die auf ihren großen Tag warten: Muttertag, Weihnachten, Ostern usw. Bis es soweit ist, dass die Dinge verschenkt werden, schmücken sie die Fensterbänke im Klassenraum.

Viel Freude beim Malen und Basteln wünscht

Katja Stach

Inhalt

Frühling

Sommer

Herbst

Winter

Vögel am Fenster

-Fensterbild-

Man benötigt:

- buntes Tonpapier (jeweils helle und dunklere Farbnuancen wählen, z.B. gelb und orange, rosa und rot, hell- und dunkelblau ...)
- Klebstoff
- Schere und Locher
- Faden

So geht's:

Schritt 1: Schablone auf Tonpapier (dunklere Farbnuance) übertragen und ausschneiden.

Schritt 2: Schnabel zweifach in hellerem Farbton ausschneiden und auf die dafür vorgesehene Stelle kleben. Punkte mit dem Locher aus dem Tonpapier stanzen. Schnabel und Punkte sollen dieselbe Farbe haben.

Schritt 3: Vogelfüße – in derselben Farbe wie der Vogelkörper – zweifach ausschneiden.

Schritt 4: Mit Hilfe zweier Bindfäden die Füße mit dem Körper verbinden.

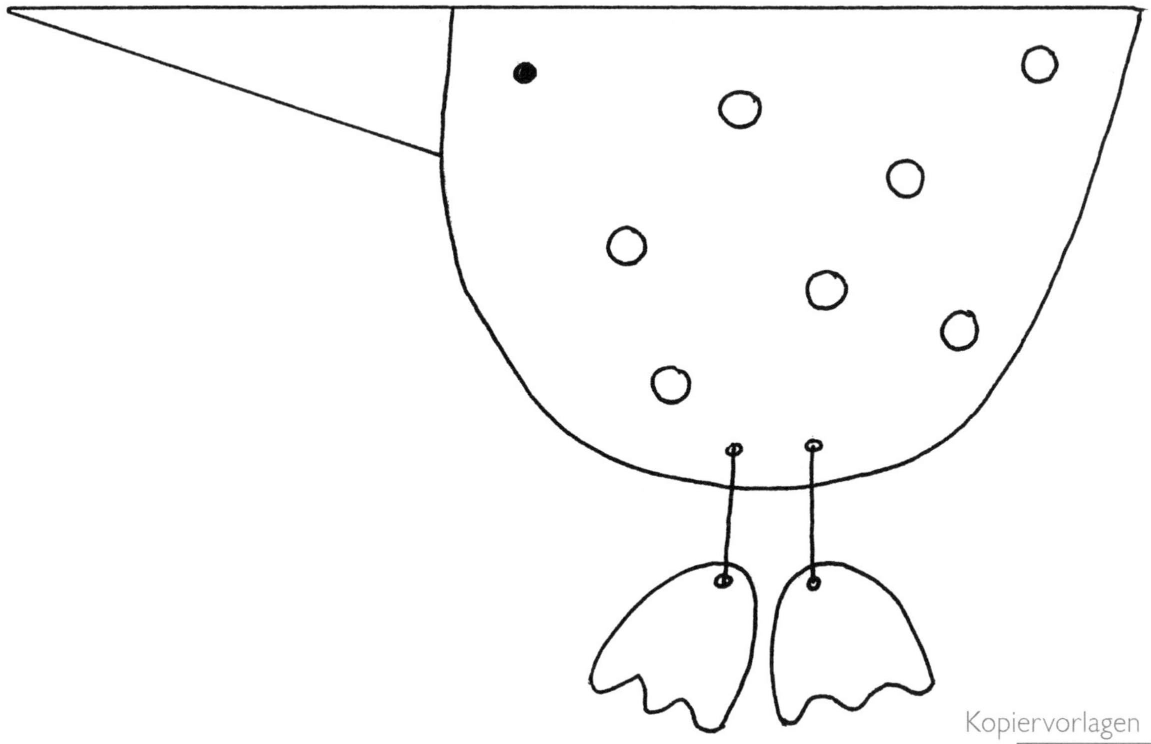

Kopiervorlagen

Vorlage »Vogel«

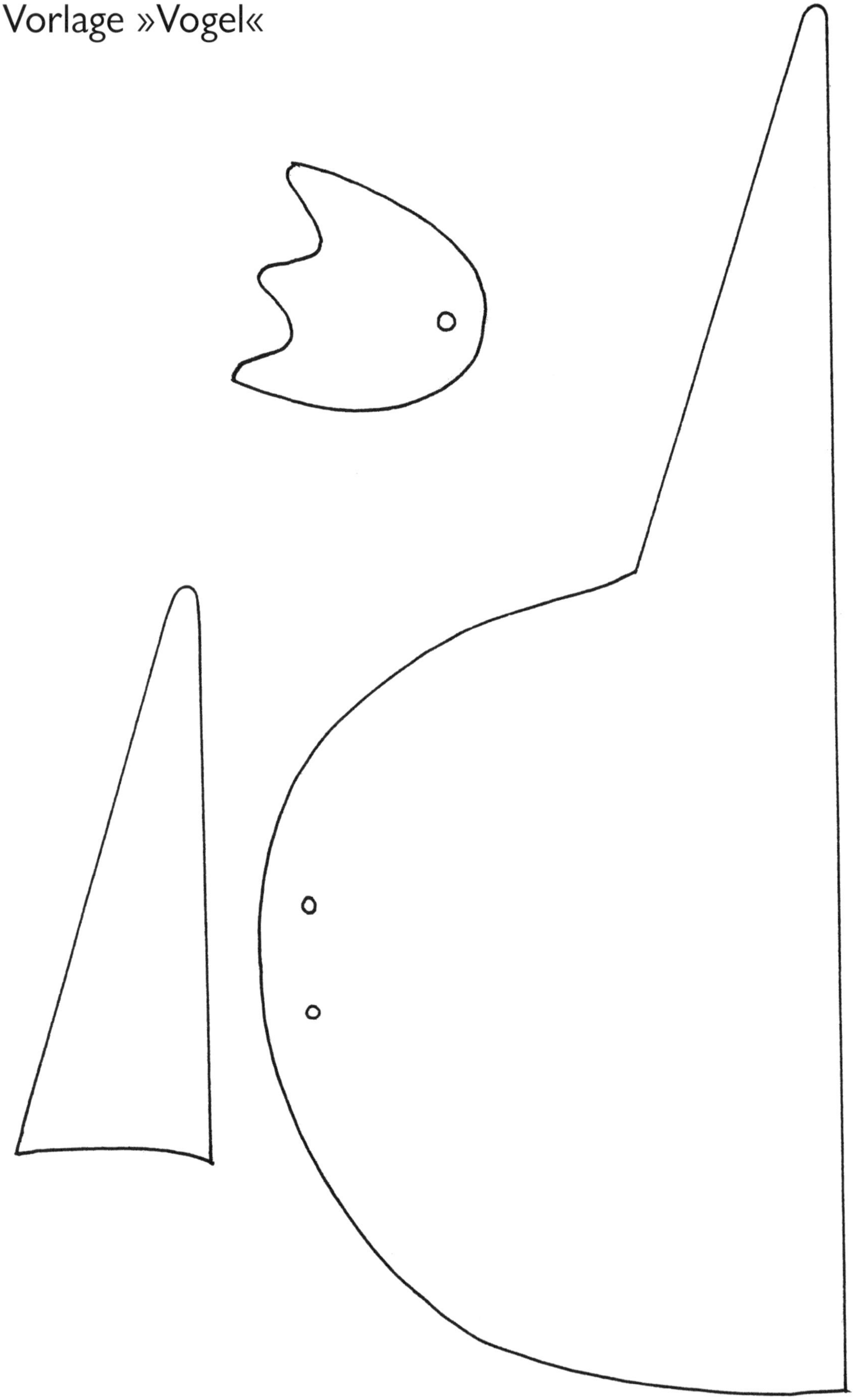

Schmetterlinge

-Fensterbild-

Man benötigt:

- buntes Tonpapier
- buntes Transparentpapier
- Schere und Klebstoff
- Schablonen: dazu die Vorlage in mehreren verschiedenen Größen kopieren und ausschneiden

So geht's:

Schritt 1: Schablone zweimal auf Tonpapier übertragen und ausschneiden (Innenteile können auch »ausgeprickelt« werden).

Schritt 2: Transparentpapier in kleine Stücke reißen.

Schritt 3: Die Innenteile der Flügel werden mit den Transparentpapierstücken so ausgefüllt, dass keine Lücke mehr frei ist und sich das Transparentpapier teilweise überlappt.

Schritt 4: Den zweiten Schmetterling auf den ersten kleben.

Briefkästen für die Klasse

-Wandgestaltung-

Man benötigt:

- bunten Tonkarton
- buntes Tonpapier
- Schablonen mit den geometrischen Grundformen
- Schere und Klebstoff

So geht's:

Die Formen Rechteck (Haus), Dreieck (Dach), Rechteck (Tür), Kreis (Dachfenster) und Quadrat (Fenster) werden auf bunten Tonkarton übertragen, ausgeschnitten und zu einem Haus zusammengeklebt. Die Vorlage für den Briefkasten wird auf Tonpapier übertragen und ausgeschnitten. Die Laschen werden umgeknickt, mit Klebstoff bestrichen und auf das Haus geklebt.
Anschließend schreibt das Kind seinen Namen auf den Briefkasten.
Aneinandergereiht bilden die Häuser eine hübsche »Gasse«. Kleine Botschaften (wie Einladungen oder andere Schreibanlässe) können nun ausgetauscht werden.

Vorlage »Haus«

um 100 % vergrößern

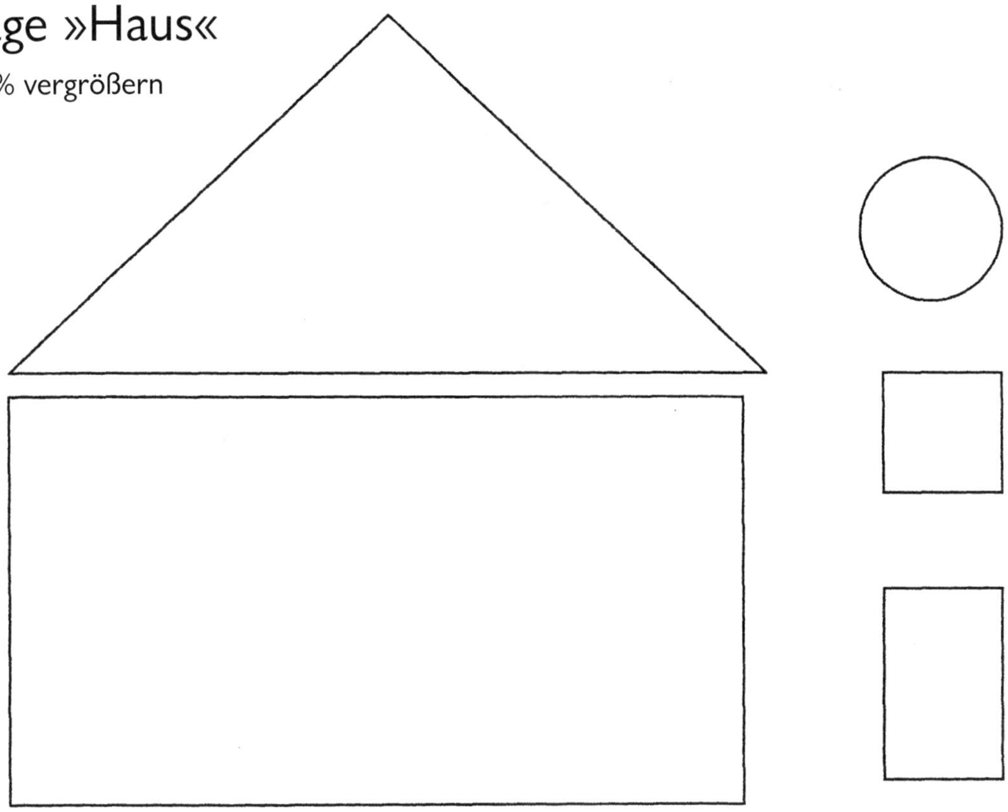

Briefkasten in Originalgröße

Ostereier aus Pappmaché

-HÄNGE-DEKORATION-

Man benötigt:

- kleine oder große Luftballons
- Zeitungspapier
- Kleister
- Acryl- oder Schulmalfarben
- Bindfaden

So geht's:

Schritt 1:	Kleister anrühren, Zeitungspapier in Stücke reißen
Schritt 2:	Aufgepustete und verknotete Lufballons mit mindestens drei Schichten eingekleistertem Zeitungspapier bedecken. Gut trocknen lassen.
Schritt 3:	Anschließend die Ballons weiß grundieren und wiederum gut trocknen lassen.
Schritt 4:	Ballon wie ein Osterei anmalen.
Schritt 5:	Bindfaden befestigen und die »Ostereier« an einen Zweig hängen.

Die »Riesenostereier« eignen sich besonders gut für den Schulflur.

Frühblüher im Blumentopf

-Fensterbank-Dekoration-

Man benötigt:

- Tontöpfe
- Sand
- Schaschlickstäbe
- Tonpapier, Klebstoff, Schere
- Wasserfarbe

So geht's:

Schritt 1: Tontopf mit Sand füllen. Nicht vergessen: das Loch im Boden vorher abdecken!

Schritt 2: Vorlage »Blüte« zweifach auf Tonpapier übertragen und ausschneiden. (Kopiervorlage: Seite 12)

Schritt 3: Schaschlikstab grün anmalen.

Schritt 4: Vorlage »Blatt« zweifach auf grünes Tonpapier übertragen und ausschneiden.

Schritt 5: Die Tulpe zusammenkleben. Mehrere Tulpen in einen Tontopf stecken.

Vorlage »Blüte« und »Blatt«

Strahlende Sonnen

-Fensterbild-

Man benötigt:

- runde Bierdeckel
- gelbes Tonpapier, Transparentpapier in gelb-orangen Tönen
- Schere, Klebstoff

So geht's:

Schritt 1:	Mit Hilfe des Bierdeckels werden aus dem Tonpapier zwei Kreise aufgezeichnet und sorgfältig ausgeschnitten.
Schritt 2:	Aus dem Transparentpapier werden viele flammenförmige Streifen geschnitten.
Schritt 3:	Auf dem ersten Kreis werden die Flammen so aufgeklebt, dass sie teilweise übereinander liegen. Sowie der Kreis ringsherum einmal mit Sonnenstrahlen beklebt ist, wird von hinten der zweite gelbe Kreis geklebt.

Wäscheleine

-WANDGESTALTUNG-

Man benötigt:

- Zeichenblock
- Wasserfarben, Pinsel
- Kataloge und Prospekte
- Bleistift, Filzstift
- Schere, Klebstoff

So geht's:

Schritt 1: Mit Bleistift wird auf dem Zeichenblock der Horizont eingezeichnet, indem eine Waagerechte in der gedachten Mitte des Blattes gezogen wird. Danach werden zwei Pfosten eingezeichnet, die mit einer gemalten Wäscheleine verbunden sind.

Schritt 2: Die Pfosten werden braun, der Himmel blau, die Wiese grün angemalt. Trocknen lassen.

Schritt 3: Aus Katalogen werden Kleidungsstücke sorgfältig herausgeschnitten und so auf dem Bild angeordnet, als würden sie zum Trocknen an der Wäscheleine hängen.

Schritt 4: Die Kleidungsstücke werden aufgeklebt. Nach dem Trocknen werden die Wäscheklammern aufgezeichnet.

Bunte Fische

-HÄNGE-DEKORATION-

Man benötigt:

- Tonkarton in den Farben hell- und dunkelblau
- verschiedene, bunte Geschenkpapierbögen
- Schere, Klebstoff, Filzstift

So geht's:

Schritt 1: Anhand der Vorlage auf der nächsten Seite wird der Umriss des Fischkörpers auf Tonkarton gezeichnet und ausgeschnitten.

Schritt 2: Mit der zweiten Vorlage wird das Schuppenkleid des Fisches bestimmt. Dazu wird die Vorlage zweifach auf Geschenkpapier übertragen, ausgeschnitten und auf den Fischkörper geklebt.

Schritt 3: Die Details (Schuppen, Flossenzeichnung, Kiemen usw. werden mit Filzstift aufgezeichnet.

Vorlage »Schuppenkleid«

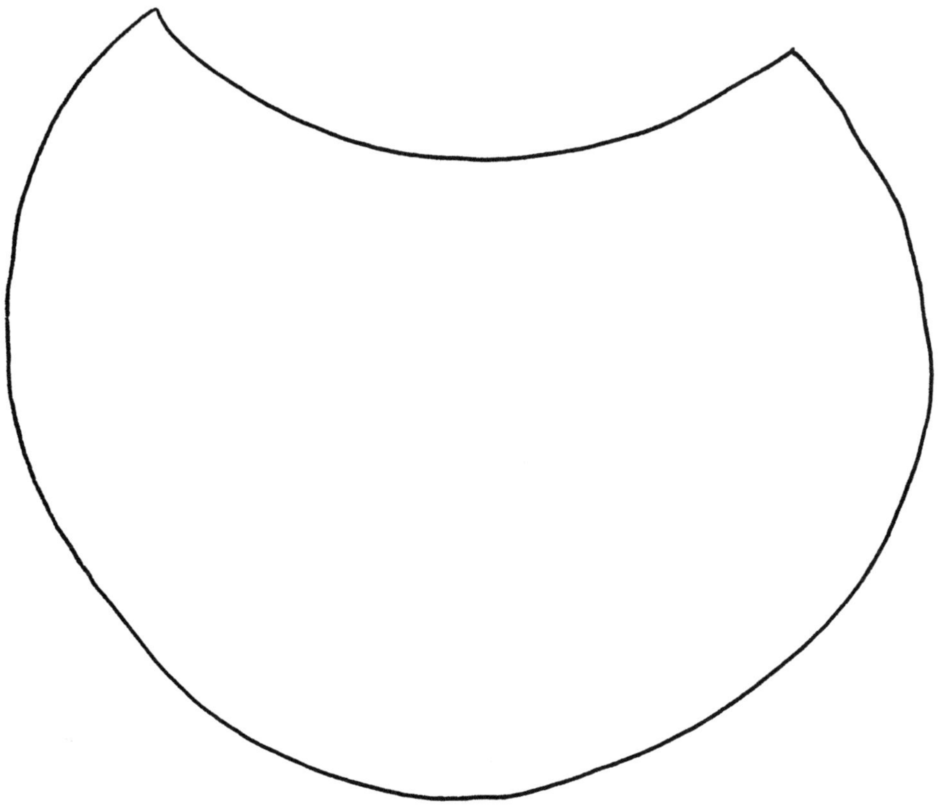

Vorlage »Fischkörper«

Leuchttürme

-FENSTERBANK-DEKORATION-

Man benötigt:

- je Schüler eine leere Klopapierrolle und Zeitungspapier
- Klebstreifen, Kleister, Farben, Pinsel
- schwarzen, wasserfesten Stift

So geht's:

Schritt 1: Auf das geknüllte und plattgedrückte Zeitungspapier (= Insel) wird die Klopapierrolle mit Klebestreifen gut befestigt.

Schritt 2: Kleine Stücke aus dem Zeitungspapier reißen, einkleistern und Insel sowie Turm mit mindestens drei Schichten Kleisterpapier überziehen. Bauliche Details werden ebenfalls mit dem Kleisterpapier gut herausgeformt.

Schritt 3: Alles gut trocknen lassen.

Schritt 4: Das Objekt wird schön angemalt und dann noch einmal zum Trocknen fortgestellt. Zuletzt werden die Umrisse mit wasserfestem Stift nachgezogen.

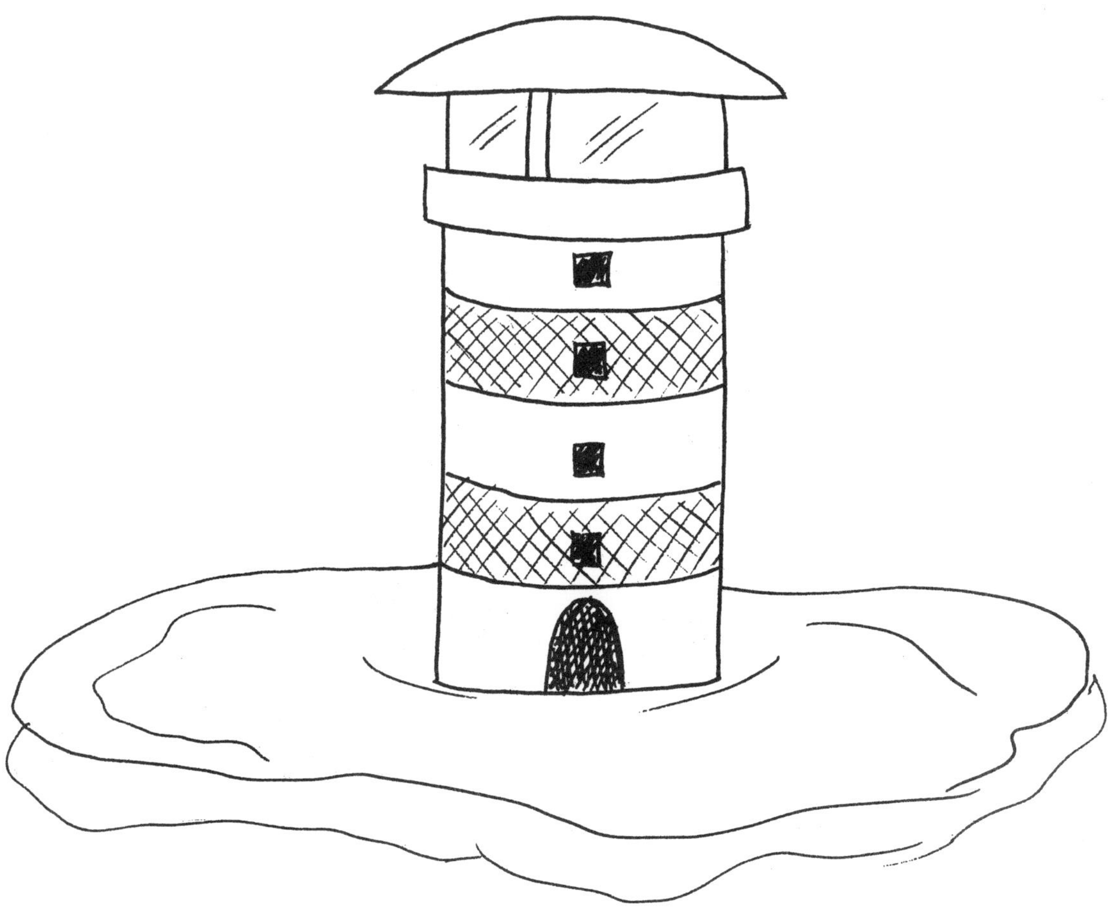

Gruseliges Halloween

-FENSTERBILD-

Man benötigt:

- orangefarbenes und schwarzes Tonpapier
- schwarzen Filzstift
- Schere

So geht's:

Schritt 1: Die Vorlagen (Kürbis und Fledermaus) in verschiedenen Größen kopieren.

Schritt 2: Die Kopien jeweils auf das Tonpapier übertragen.

Schritt 3: Beim Kürbis beidseitig die Details aufzeichnen. Augen und Mund können herausgeschnitten oder geprickelt werden. Fertig!

Schritt 4: Augen und Mund bei der Fledermaus herausschneiden oder prickeln.

Vorlage »Kürbis«

Vorlage »Fledermaus«

Herbstbaum

-WANDGESTALTUNG-

Man benötigt (pro Gruppe):

- einen großen Bogen Tonpapier (gelb, orange, braun oder grün)
- getrocknete und gepresste bunte Herbstblätter
- braunen Filzstift
- Klebstoff

So geht's:

Schritt 1: Den Bogen Tonpapier hochkant vor sich hinlegen. Die Blätter werden darauf in einer Weise angeordnet, dass eine Baumkrone entsteht.

Schritt 2: Der Umriss des Baumstammes wird mit Filzstift gezeichnet.

Schritt 3: Die Blätter werden aufgeklebt. Einzelne Blätter fallen vom Baum, einige wenige liegen schon unten am Fuß des Stammes.

Schritt 4: In den Baumstamm werden »Herbstwörter« geschrieben, in dichter Reihenfolge: Kastanie, Wind, Eicheln, Blätter usw.

Sonnenblumen

-Hänge-Dekoration-

Man benötigt:

- gelben und braunen Tonkarton
- braunes Wabenpapier, alternativ Sonnenblumenkerne
- Schere und flüssigen Klebstoff

So geht's:

Schritt 1: Schablonen auf Tonkarton übertragen und Formen wie angegeben ausschneiden.

Schritt 2: Blütenblätter anordnen und auf den Rand des ersten braunen Kreises kleben, den zweiten braunen Kreis auf den ersten kleben.

Schritt 3: Das Innere der Blüte entweder mit Wabenpapier oder mit Sonnenblumenkernen bekleben.

Schritt 4: Vorsichtig ein Loch durch die Blüte stechen und mit Hilfe eines Fadens aufhängen.

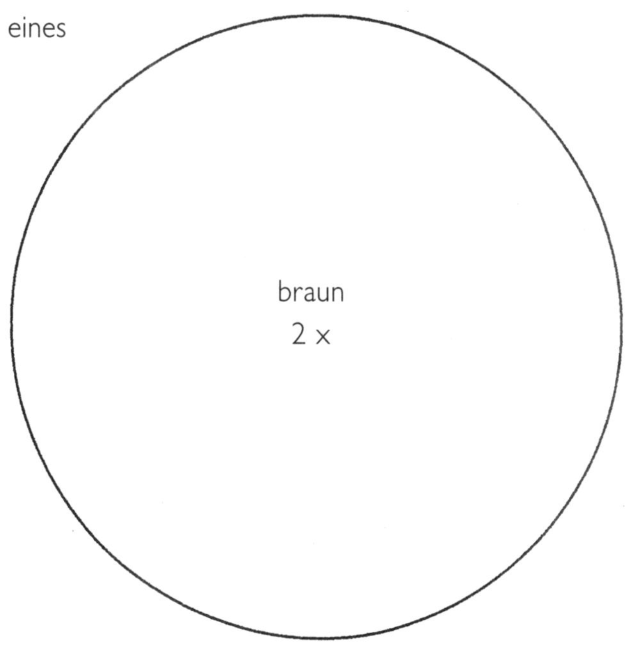

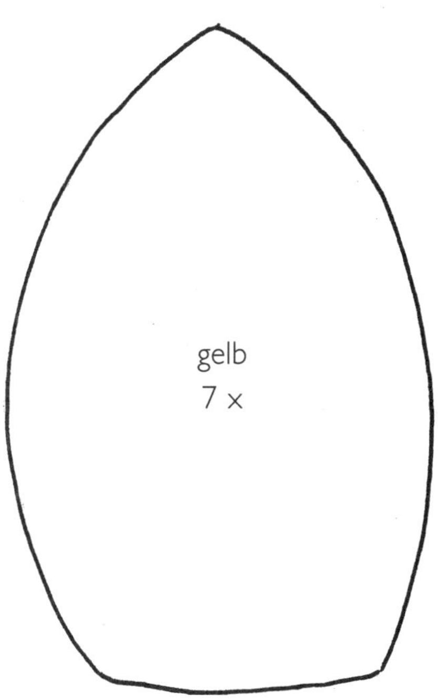

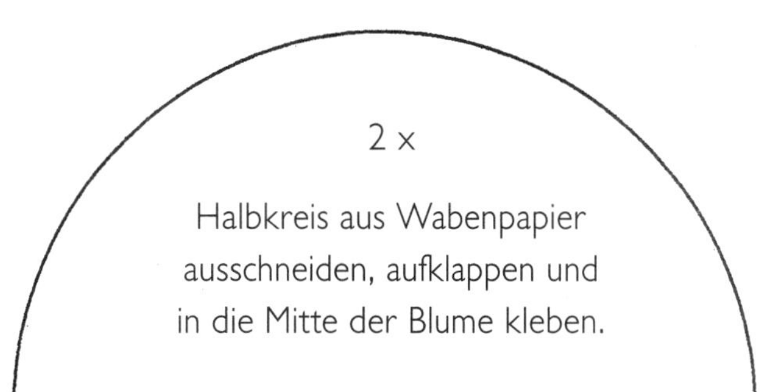

Windlichter

-Fensterbank-Dekoration-

Man benötigt:

- pro Schüler ein gespültes Marmeladenglas (oder ähnlichen Glasbehälter) ohne Deckel
- Naturbast
- Butterbrottüten aus Papier
- Tonpapier (beige oder braun)
- Wasserfarbe
- Schere und Klebstoff

So geht's:

Schritt 1: Die Butterbrottüte wird mit Wasserfarbe in Gelb oder Orange angemalt.

Schritt 2: Die Vorlagen der Eichel werden zweimal auf Tonpapier übertragen und ausgeschnitten.

Schritt 3: Das Glas wird in die getrocknete Tüte gestellt und oben mit Bast umwickelt. Die Öffnung des Glases muss frei bleiben.

Schritt 4: Die Eichel (oder ein kleines getrocknetes Herbstblatt) wird auf die Tüte geklebt.

Statt eines Teelichtes können in der Schule auch Lichterketten verwendet werden.

Vorlage »Eichel«

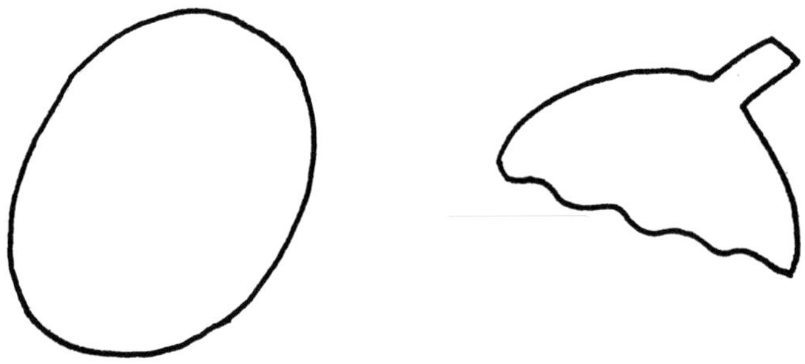

Elche im Schnee

-FENSTERBILD-

Man benötigt:

- rotes bzw. braunes und weißes Tonpapier
- Schere und Klebstoff

So geht's:

Schritt 1: Die Vorlagen (Schneestern, Elch – nächste Seite) ausschneiden und auf das Tonpapier übertragen. (Elch auf farbiges, Schneestern auf weißes Tonpapier)

Schritt 2: Schneestern und Elch sorgfältig aus dem jeweiligen Tonpapier ausschneiden.

Schritt 3: Die Scherenschnitte hübsch gruppiert an Fenstern und Türen aufkleben.

Vorlage »Schneestern«

Vorlage »Elch«

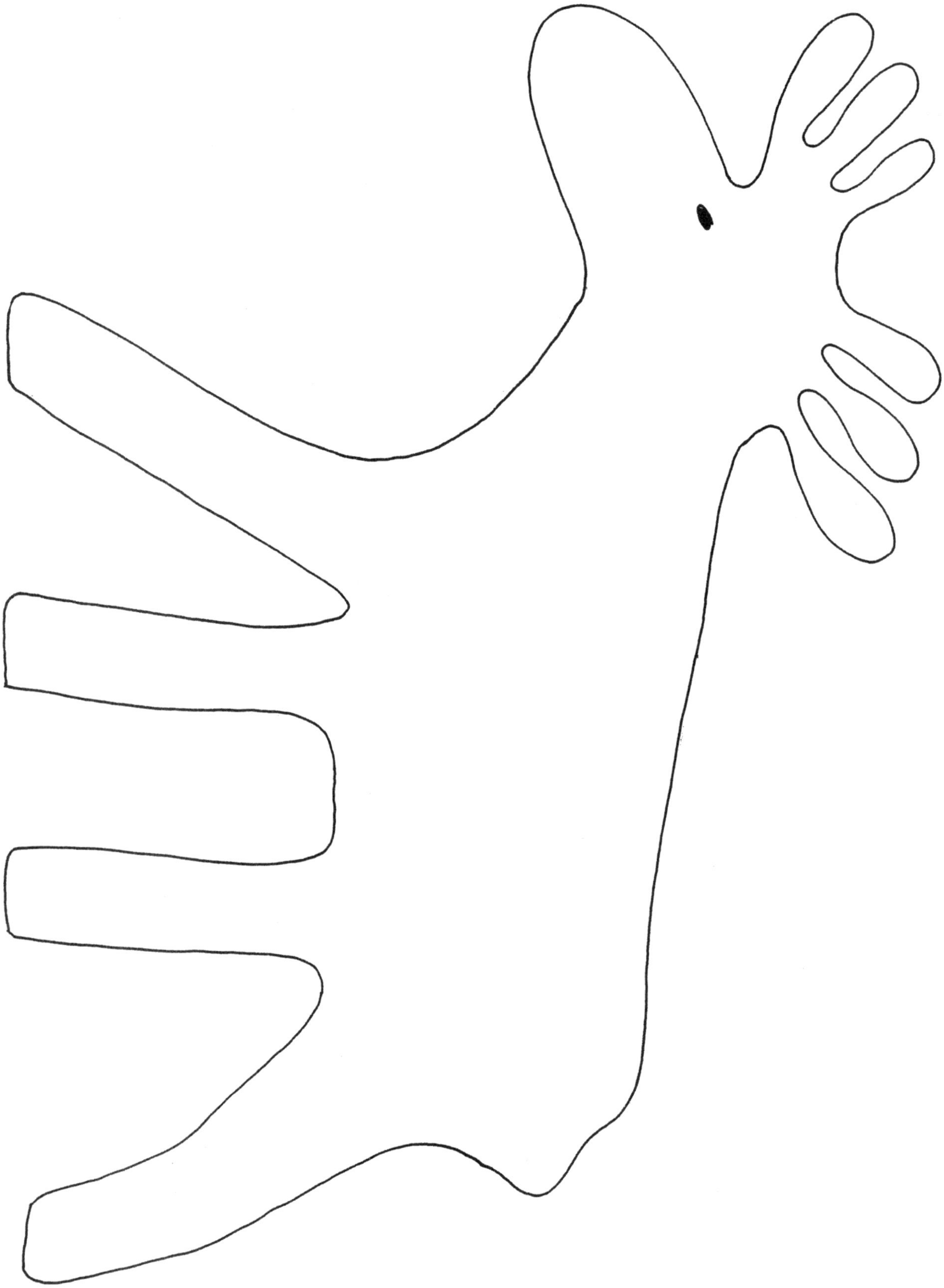

Kalte Bilder

-WANDDEKORATION-

Man benötigt:

- Zeichenblock
- Wasserfarbe
- Tonpapier in Blau, Rot und Weiß

So geht's:

Schritt 1: Zwei Zeichenblockblätter werden in der Mitte geknickt. Jede der vier Blatthälften erhält nun einen Anstrich in einer der kalten Farben Hellblau, Grau, Dunkelblau und Lila. Dabei soll viel Wasser und wenig Farbe benutzt werden.

Schritt 2: Nach dem Trocknen werden die Blätter in Streifen gerissen.

Schritt 3: Das blaue Tonpapier wird halbiert und auf zwei Schüler aufgeteilt.

Schritt 4: Die Streifen werden gemischt und auf dem blauen Tonpapier (Hochformat) so angeordnet, dass sie sich teilweise überlappen und ringsherum einen Rand freilassen.

Schritt 5: Die Streifen werden aufgeklebt.

Schritt 6: Aus dem weißen Tonpapier werden drei Kugeln gerissen: das wird der Schneemann. Dieser wird aufgeklebt und bekommt eine rote Nase. Details werden mit schwarzer Wasserfarbe gekennzeichnet.

Weihnachtsketten

-Wandgestaltung-

Kleingruppenarbeit

Man benötigt:

- Zweige und Naturbast
- Tonpapier in den Farben Gelb, Rot, Dunkelgrün
- Klebstoff und schwarzen Filzstift
- Schere

So geht's:

Schritt 1: An einen Zweig werden 3 bis 4 etwa 80 cm lange Bastfäden geknotet.

Schritt 2: Mehrere Vorlagen jeweils zweifach auf Tonpapier übertragen.

Schritt 3: Ausschneiden und so zusammenkleben, dass sich der Bastfaden zwischen den beiden Teilen befindet.

Schritt 4: Beim Tannenzweig aus Tonkarton die Tannennadeln mit Filzstift einzeichnen.

Schritt 5: Die echten Zweige mit den Tonkarton-Figuren schmücken und mit Hilfe eins Bastfadens an die Wand hängen.

Vorlage »Weihnachtsketten«

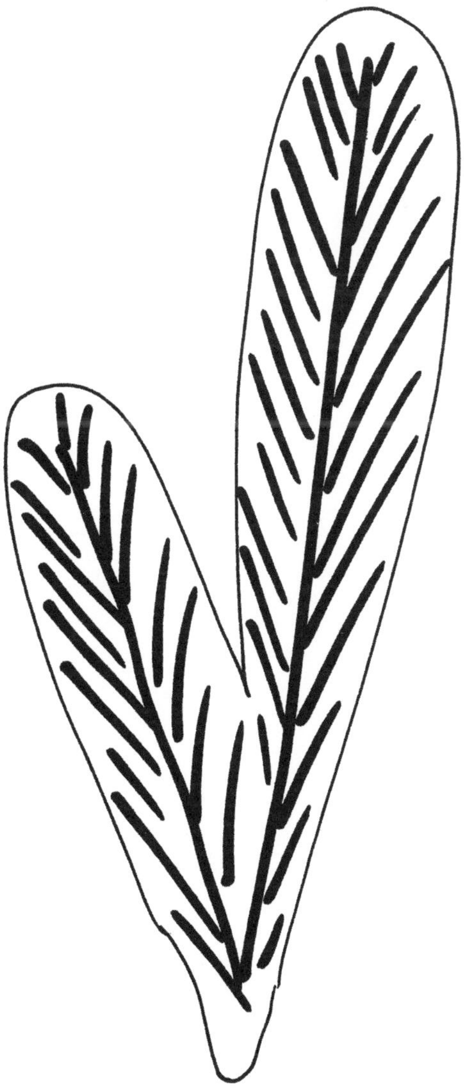

Winter-Windlicht

-Fensterbank-Dekoration-

Man benötigt:

- pro Schüler ein gespültes Marmeladenglas (oder ähnlichen Glasbehälter)
- roten Bast
- Butterbrottüten aus Papier
- Tonpapier in den Farben Weiß und Rot (Braun)
- Schere und Klebstoff
- Motivlocher

So geht's:

Die hübschen Leuchten für die winterliche Jahreszeit werden in ähnlicher Weise hergestellt wie die Windlichter im Herbst (siehe Seite 22). Dabei bleiben nun die Tüten weiß. Aus rotem Tonpapier wird der Elch ausgeschnitten und aufgeklebt. Mit einem Motivlocher können noch rote Sterne oder weiße Schneeflocken gestanzt werden. Roter Bast wird oben um das Windlicht gebunden.

Vorlage »Elch«

Kleinstadt

-Fensterbank-Dekoration-

Man benötigt:

- schwarzes Tonpapier
- farbiges Transparentpapier
- Schere und Klebstoff
- Lichterkette

So geht's:

Schritt 1: Vorlage eines Hauses auf schwarzes Tonpapier übertragen, ausschneiden. Die Dachform wird ausgewählt (siehe Abbildung unten).

Schritt 2: Die Fenster auf der Innenseite mit Transparentpapier bekleben.

Schritt 3: Haus vorsichtig knicken und sorgfältig zusammenkleben.

Schritt 4: In die kleine Aussparung kommt die Lichterkette.

Alle Häuser werden auf dem Fensterbrett gruppiert. Dann leuchtet eine ganze Stadt!

Vorlage »Haus«

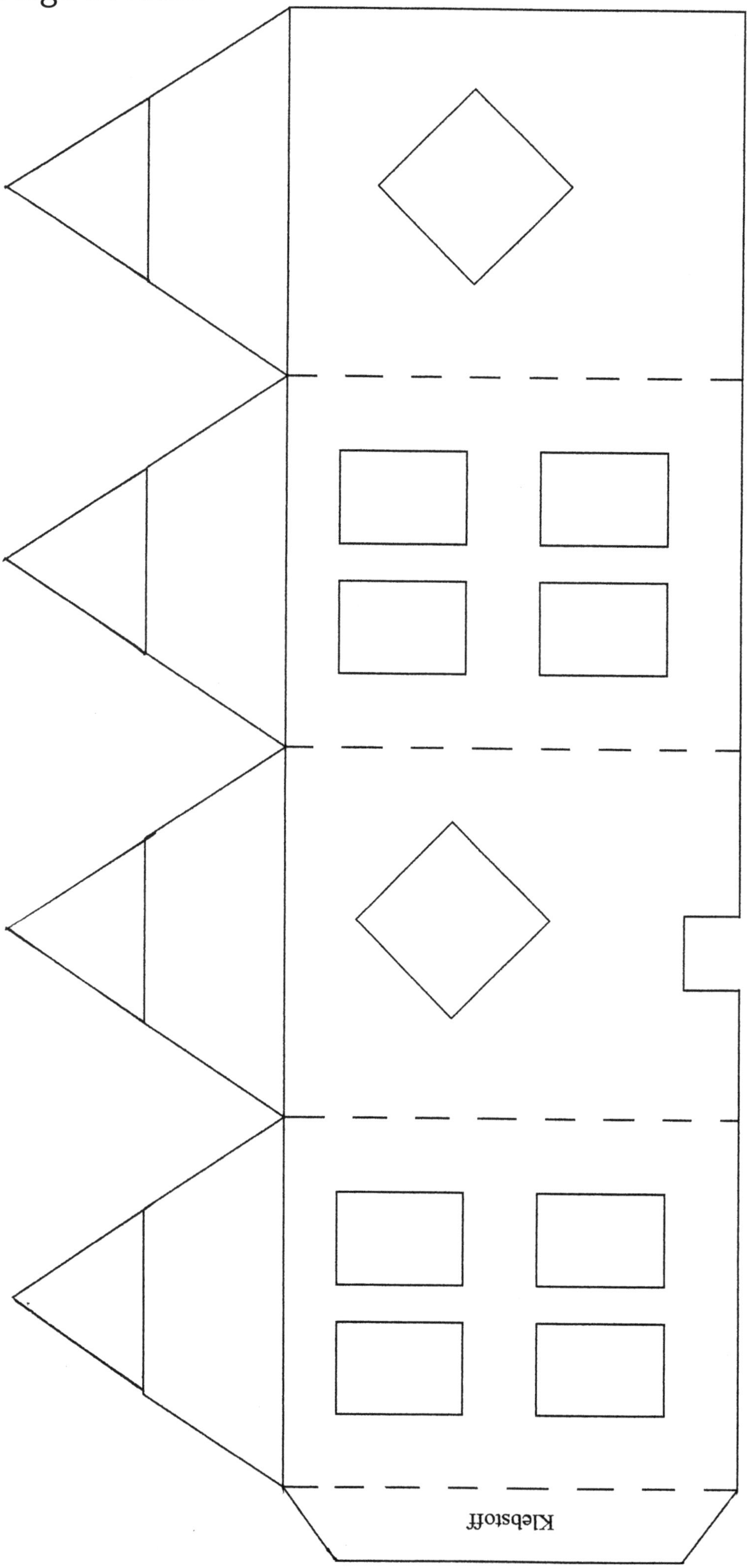

Stolz Verlag

Schneidhausener Weg 52, 52355 Düren, Tel. (02421) 5 79 79 info@stolzverlag.de

Stolz Verlag

Schneidhausener Weg 52, 52355 Düren, Tel. (02421) 5 79 79 info@stolzverlag.de

Sachfächer

Das Wetter ab 2. Sj. *Best.-Nr. 042*
Laubbäume ab 2. Sj. *Best.-Nr. 089*
Blumen am Wegrand Minitexte ab 2. Sj. *Best.-Nr. 043*
Werkstatt Wald ab 2. Sj. *Best.-Nr. 339*
Kreislauf Wasser GS *Best.-Nr. 333*
Jahreszeiten kennenlernen ab 3. Sj. *Best.-Nr. 237*
Haustiere 2. Sj. *Best.-Nr. 048*
Zootiere ab 2. Sj. *Best.-Nr. 044*
Bauernhoftiere ab 2. Sj. *Best.-Nr. 057*
Igel-Lernwerkstatt *Best.-Nr. 329*
Tiere im Winter ab 2. Sj. *Best.-Nr. 269*
Indianer ab 2. Sj. *Best.-Nr. 249*
Der elektrische Strom ab 4. Sj. *Best.-Nr. 117*
Deutschland kennenlernen ab 3. Sj. *Best.-Nr. 058*
Europa kennenlernen ab 4. Sj. *Best.-Nr. 084*
Die Welt kennenlernen ab 5. Sj. *Best.-Nr. 227*
Durch die Wüste *Best.-Nr. 100*
Die Alpen ab 5. Sj. *Best.-Nr. 147*
Das Wattenmeer *Best.-Nr. 148*
Klima, Wind u. Wetter ab 4. Sj. *Best.-Nr. 195*
Bibelgeschichten AT *Best.-Nr. 180*
Das Christentum *Best.-Nr. 229*
Weltreligionen ab 3. Sj. *Best.-Nr. 075*
Der Islam ab 5. Sj. *Best.-Nr. 113*
Das Judentum ab 5. Sj. *Best.-Nr. 076*
Getreide und Brot *Best.-Nr. 337*
Richtig essen *Best.-Nr. 374*
Obst und Gemüse *Best.-Nr. 116*
Der menschliche Körper ab 3. Sj. *Best.-Nr. 079*
Unsere Sinne ab 4. Sj. *Best.-Nr. 179*
Ritter und Burgen *Best.-Nr. 125*
Leben in einer mittelalterlichen Stadt ab 3. Sj. *Best.-Nr. 132*
Steinzeitmenschen *Best.-Nr. 516*
Die Römer ab 4. Sj. *Best.-Nr. 520*
Die alten Griechen *Best.-Nr. 514*
Die alten Ägypter *Best.-Nr. 515*
Erfindungen ab 4. Sj. *Best.-Nr. 519*
Entdecker ab 4. Sj. *Best.-Nr. 518*
Den Weltraum kennenlernen ab 5. Sj. *Best.-Nr. 397*

Die erweiterte EU *Best.-Nr. 251*
Die Industrielle Revolution ab 7. Sj. *Best.-Nr. 281*
Adolf Hitler ab 7. Sj. *Best.-Nr. 120*
Alltag im 3. Reich *Best.-Nr. 077*
Der 1. Weltkrieg *Best.-Nr. 282*
Der 2. Weltkrieg *Best.-Nr. 283*
Politik, leicht erklärt *Best.-Nr. 327*

Theater & Sketche

Fabelhafte Sketche *Best.-Nr. 146*
5-Minuten-Sketche Grundschule *Best.-Nr. 140*
Witzige Schulbühne 1. bis 10. Schuljahr *Best.-Nr. 112*
Neue witzige Schulsketche alle Altersstufen *Best.-Nr. 705*
Klapsmühle – Sketche alle Altersstufen *Best.-Nr. 704*
Die Hexe Furufara Theaterstück bis 5. Klasse *Best.-Nr. 009*

Dies & Das

Berichtszeugnisse Textbausteine für die Grundschule *Best.-Nr. 201*
Bildergeschichten für Ethik 3. bis 6. Schuljahr *Best.-Nr. 380*
Dem Lernen einen Sinn geben Nachdenken über eine bessere Lern- und Erziehungskultur *Best.-Nr. 236*
Wer hat das Sagen in deutschen Klassenzimmern? Streitschrift *Best.-Nr. 226*
Das Leben Jesu in kleinen Geschichten Bibelgeschichten zum Neuen Testament Kurze Texte, Aufgaben, Lösungen *Best.-Nr. 386*
Rituale der Stille Übungen und Rituale in der Schulklasse Für alle Altersstufen *Best.-Nr. 347*
Zuhören lernen Übungen und Spiele für alle Altersstufen; Schule, Therapie, Nachhilfe *Best.-Nr. 010*
Faszination Stille Projektmappe für die Praxis; viele Übungen zu Sammlung und Konzentration; alle Schulstufen *Best.-Nr. 290*
Gedächtnistrainer ab 5. Schuljahr Wie lernt man am besten? Lern- und Merkstrategien *Best.-Nr. 005*

Bestell-Coupon

Ja, bitte senden Sie mir (uns) gegen Rechnung folgende Artikel:

Artikel-Nummern hier eintragen:
____
____
____
____
____
____
____
____
____

☐ Bitte schicken Sie mir Ihren kostenlosen aktuellen Katalog!

Bestell-Anschrift:

Stolz Verlag
Stuttgarter Verlagskontor SVK GmbH
Postfach 106016 70049 Stuttgart
Tel. (07 11) 66 72-12 16
Fax (07 11) 66 72-19 74
Internet-Shop: www.stolzverlag.de

Meine Anschrift:

____
Vorname, Name
____
Straße
____
PLZ/Ort
____
Datum/Unterschrift
____